CHARLOTTE THORNE

www.thomasinemedia.com
ISBN: 979-8-8690-0080-4

ESTUDIANTS JÚNIOR

TOT SOBRE GOSOS

CHARLOTTE THORNE

Els gossos sovint es diuen el millor amic de l'home. Són animals increïbles que conviuen amb la gent durant molt de temps.

La domesticació dels gossos es remunta fins al llop gris. La domesticació vol dir que els humans van domesticar un animal per viure amb nosaltres.

A causa de la cria selectiva, els humans han creat tot tipus de treballs per als gossos!

A l'antic Egipte, el déu Anubis tenia el cap d'un xacal, que un animal relacionat amb els gossos.

Una famosa pintura rupestre a Europa representa antics humans caçant amb gossos antics.

Durant la guerra, els gossos van servir com a animals de guerra i van ajudar els soldats amb feines perilloses.

Els gossos pertanyen a la família dels cànids. La família dels cànids també inclou llops, guineus i altres gossos salvatges.

Els gossos poden olorar moltes coses perquè tenen 300 milions de receptors.

La seva audició és increïble. Poden escoltar sons d'alta freqüència que nosaltres no.

Hi ha molts gossos famosos a tot el món.

Lassie the Rough Collie és una icona en llibres, pel·lícules i televisió. És coneguda per les seves missions de rescat.

Balto el Husky va dirigir un equip de gossos de trineu a través d'Alaska el 1925. Van lliurar un medicament important als humans malalts.

Rin Tin Tin, el pastor alemany, va ser un dels actors de gossos més famosos i es considera la primera estrella de cinema de gossos del món.

Fem una ullada a les diferents races de gossos.

Els Labrador Retriever són gossos simpàtics. Tenen amor per l'aigua.

Els pastors alemanys són intel·ligents i forts. Són gossos de treball i tenen trets protectors.

Els Golden Retrievers són races populars i juganeres. Són preciosos i plens de personalitat.

Els bulldogs són arrugats i tenen el cos corpulent. Són cadells afectuosos.

Els beagles són gossos curiosos i s'utilitzen a la caça. Tenen les orelles caigudes.

Els caniches són una de les races de gossos més intel·ligents i es coneixen com a gossos de luxe.

Els rottweilers són gossos poderosos. Són nadons adorables.

Els Yorkshire Terrier són petits paquets d'energia. Tenen abrics llargs i els encanta viatjar amb bosses de mà.

Els boxers són cadells juganers. Tenen el cap quadrat i els encanta ser actius.

Els dachshunds són gossos llargs de "gossos calents", cosa que els fa únics. Tenen un gran esperit per a un cos petit!

Els huskies siberians tiren de trineus i són gossos molt amables i vocals. També tenen ulls blaus brillants.

Els Doberman Pinscher són gossos elegants i forts. Són guardians protectors.

Els Shih Tzu són gossos faldillers petits. Són animals de companyia molt amables.

Els grans danesos són gossos molt alts. Poden ser molt dolços.

Els Border Collies són àgils i intel·ligents. Tenen molta energia.

Els gossos pastors de les Shetland són gossos que escolten. Són coneguts per la seva gruixuda melena de pell.

Els chihuahuas són petits però tenen un cor gran. Són dolços quan se'ls respecta.

Els Pembroke Welsh Corgis són petits però tenen orelles grans. Sorprenentment, estan escoltant gossos.

Sant Bernat són coneguts per la seva tasca de rescat. Són gegants gentils.

Els pastors australians són mascotes intel·ligents i àgils. Treballen com a gossos de pastor.

Els carlins són macos petits i arrugats. Tenen un caràcter molt juganer però tossut.

Els malamutes d'Alaska són gossos de trineu i poden sobreviure en climes freds.

Els terriers australians són petits amb un pelatge rugós. Són grans mascotes.

Els basenjis tenen ulls semblants al yodel. Són gossos súper intel·ligents i independents.

Els Bichon Frisés semblen núvols. Tenen personalitats alegres.

Els gossos tenen les orelles caigudes i un gran sentit de l'olfacte. També s'utilitzen en rescats.

Els Boston Terrier tenen abrics d'esmoquin. Són cadells simpàtics.

Els Cavalier King Charles Spaniels tenen les millors personalitats i abrics bonics.

Els cockers tenen orelles llargues i sedosos i tenen un aire de classe.

Els mastíns anglesos són gossos gegants! Són tranquils i simpàtics.

Els akitas són mascotes nobles. Són coneguts pel seu pelatge gruixut.

Els maltesos són gossos blancs de gran qualitat i els encanta l'atenció.

Els gossos de muntanya birmans són molt grans però molt suaus.

Els pomeranians són gossos petits i esponjosos. Tenen personalitats atrevides.

Els Rhodesian Ridgeback tenen una "cresta" de pèl a l'esquena. S'utilitzen per a la caça.

Els setters irlandesos són gossos elegants i vibrants. Són belleses extretes.

Les orelles de Papillon semblen papallones. Són macos simpàtics.

Els whippets són súper ràpids i molt àgils i amables amb els seus humans.

Els Shar-Peis són molt arrugats. Són gossos lleials i protectors.

Els dalmates són gossos enèrgics i són el símbol oficial dels parcs de bombers.

Els gossos ajuden els humans cada dia.

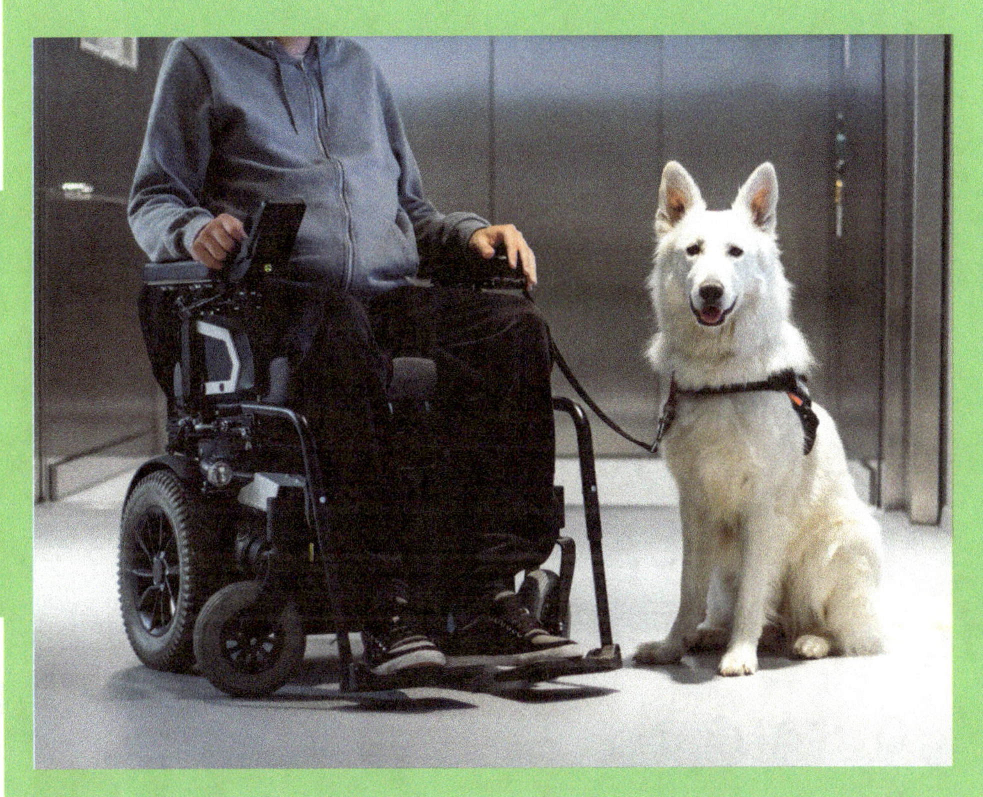

Molts gossos treballen com a animals de servei, ajudant les persones amb discapacitat.

Els gossos de recerca i rescat treballen per localitzar les persones desaparegudes durant els desastres.

Els gossos treballen colze a colze amb la policia. Els cadells que no aproven l'entrenament van a famílies estimades.

Els gossos de teràpia proporcionen suport emocional a les persones als hospitals i a la seguretat pública.

Els gossos són una part important de la nostra vida quotidiana. És important tenir cura dels gossos. No només són treballadors durs, sinó membres importants de les nostres famílies!

www.ingramcontent.com/pod-product-compliance
Lightning Source LLC
La Vergne TN
LVHW080628160826
845677LV00007B/1484
9798869000804